AF335897

SOUVENIRS

DE

LA JEUNESSE DE NAPOLÉON

EXTRAIT DE LA REVUE DES DEUX MONDES
LIVRAISON DU 1er MARS 1842

SOUVENIRS

DE

LA JEUNESSE DE NAPOLÉON

TIRÉS

DE SES MANUSCRITS INÉDITS

PAR

M. G. LIBRI

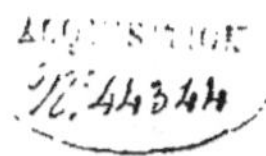

PARIS

IMPRIMERIE DE H. FOURNIER ET Cⁱᵉ

RUE SAINT-BENOIT, 7

1842

SOUVENIRS

DE

LA JEUNESSE DE NAPOLÉON.

Si la vie des hommes qui surent s'illustrer par leurs actions excite après eux un intérêt immortel, c'est surtout à leurs débuts que cet intérêt redouble et qu'on aime à les ressaisir, lorsqu'aux prises avec la fortune, ils ne se sont pas fait encore leur place dans le monde et n'ont pas brisé le cercle de fer où la destinée les enfermait d'abord. Cette lutte opiniâtre et première, nul n'en a donné le spectacle au monde plus que Napoléon.

Les actes publics de la vie du grand capitaine sont écrits partout, et personne ne les oubliera. Les transactions secrètes de sa politique se conservent dans les chancelleries de toutes les cours de l'Europe, et tôt ou tard elles seront également connues. Quant aux actes de sa vie privée, dans les mémoires publiés par différentes personnes attachées à l'empereur, et surtout dans les ouvrages rédigés sous ses yeux à Sainte-Hélène, on trouve une foule d'anecdotes plus ou moins authentiques qui peuvent, jusqu'à un certain point, faire connaître ses habitudes et son caractère. Cependant ces souvenirs se rapportent aux époques les plus brillantes de la vie de Napoléon.

On nous le peint général, premier consul, empereur; on nous le montre tantôt revêtu de la pourpre impériale, tantôt enchaîné sur un rocher; mais depuis le moment où il prit son essor à Toulon jusqu'au jour où il alla s'abattre au milieu de l'Océan, nous ne voyons en lui qu'un génie déjà développé, sans que rien nous montre comment il s'est formé, ou nous fasse connaître ce que furent ses premières années. Napoléon lui-même semble avoir été fort sobre de communications à ce sujet, et excepté quelques anecdotes de collége et quelques assertions vagues, nous avons été jusqu'ici dans une complète ignorance à l'égard de ce qui précéda son élévation et de ce qui peut l'expliquer.

Et cependant le grand problème est là : comment Napoléon s'est-il formé? Comment a-t-il employé les années où il est resté lieutenant d'artillerie? Quels sont les travaux par lesquels il se prépara à ses brillantes destinées? Par quels moyens, en un mot, se sont développés ce caractère si extraordinaire, cette intelligence si prodigieuse? Est-ce le hasard seul qui s'est plu à l'élever si haut? Son génie s'est-il formé sans aucun secours, ou bien le talent a-t-il été dirigé chez lui par une volonté inébranlable, et, suivant la condition ordinaire de l'humanité, a-t-il été fortifié par un travail opiniâtre? C'est là ce qu'il nous importe surtout de connaître dans le jeune officier, dans le futur empereur; c'est de là surtout que doivent surgir de grands et utiles enseignemens.

Que fait à l'histoire de Napoléon que dans sa jeunesse il ait aimé les renoncules ou qu'il ait mangé des cerises avec Mlle du Colombier? Dans la vie d'un homme illustre, les anecdotes n'ont de l'importance que lorsqu'elles font pressentir des qualités qui deviendront prédominantes; mais, si nous lisons avec délices le récit des premières émotions de l'écrivain qui plus tard devait nous donner *la Nouvelle Héloïse*, nous cherchons autre chose qu'un sujet d'idylle dans la jeunesse de Napoléon. Ce n'est pas à l'épanouissement de l'ame d'un poète que nous voulons assister, ce sont les progrès d'un caractère indomptable et d'une intelligence forte et hardie que nous demandons à connaître, et, certes, le développement intérieur de Napoléon n'a pas été celui de Rousseau.

Mais qui nous dévoilera ce secret vingt ans après la mort de Napoléon, lorsque les témoins de son enfance et de sa première jeunesse sont presque tous descendus dans la tombe? Et, d'ailleurs, qui l'aura suivi partout? Qui connaîtra ses premiers travaux, ses pensées cachées? Qui nous redira ses peines, ses succès, ses momens de découragement, les impressions de sa jeunesse ? Ce sont-là autant de questions qui paraissent insolubles, et que, cependant, on peut aborder aujourd'hui, grace à la prévoyance de Napoléon lui-même, qui a voulu conserver tout ce qu'il avait pensé et écrit alors, et grace à un concours extraordinaire d'heureuses circonstances qui ont préservé ces précieux documens de mille chances de destruction. Voici par quels moyens ils sont arrivés jusqu'à nous.

A l'époque du consulat, Napoléon, qui se voyait déjà dans l'histoire, comme il l'a dit plus tard à Sainte-Hélène, songea à mettre en sûreté tous les papiers de sa première jeunesse. Il les plaça donc dans un grand carton de ministère, qui portait cette étiquette : *Correspondance avec le premier consul;* il la biffa, et il écrivit de sa main : *A remettre au cardinal Fesch seul.* Cette boîte, ficelée et cachetée aux armes du cardinal Fesch, traversa, sans être jamais ouverte, l'empire et la restauration; ensuite, toujours cachetée, elle passa par différentes mains, et il y a très peu de temps qu'on a su ce qu'elle contenait. Rien n'a été distrait, et nous la possédons actuellement avec toutes les pièces que primitivement Napoléon y avait renfermées.

Ces papiers se partagent naturellement en deux classes : la première contient la correspondance et les détails biographiques; dans la seconde se trouvent les ouvrages originaux de Napoléon, les pensées, les notes et les extraits tirés de différens ouvrages.

Toutes ces pièces sont autographes, ou du moins ce sont des copies corrigées et annotées par l'auteur. Pour donner une idée du nombre de ces documens, il suffira de dire que, sans compter les copies, ni une foule de pièces détachées, il y a dans ce carton trente-huit cahiers écrits entièrement de la main de Napoléon. La plupart de ces cahiers sont datés : c'est tout ce que Napoléon a écrit depuis l'année 1786 jusqu'en 1793.

Si l'on voulait aborder la biographie de Napoléon, il serait facile, à l'aide de ces documens, de rétablir un grand nombre de faits qui, jusqu'à ce jour, ont été indiqués d'une manière inexacte ou incomplète. On serait surtout aidé dans ce travail par un cahier que Napoléon a intitulé : *Époques de ma vie,* et où il a enregistré de sa main une foule de dates et de faits relatifs à sa première jeunesse. Il suffira d'en citer un seul qui ne paraît pas avoir été connu des historiens : c'est qu'en 1791 Napoléon recevait une pension du roi. Nous ne voulons pas nous arrêter ici à ces pièces anecdotiques : cependant il est impossible de ne pas mentionner le brevet de capitaine de Napoléon signé par Louis XVI, et qui porte la date du 30 *août mil sept cent quatre-vingt-douze* (1)! Le roi, avant de tomber, semble avoir voulu nommer son successeur.

La correspondance se compose d'un assez grand nombre de lettres adressées à Napoléon par le général Paoli, par le père Dupuy, minime, par Saliceti, par le ministre de la guerre Lajard. On connaît l'histoire de Paoli : devenu, en 1765, premier magistrat et général en chef des Corses, non-seulement il résista pendant quinze ans aux Génois et aux troupes que Louis XV avait mises à leur disposition, mais il sut captiver l'intérêt de toute l'Europe par la sagesse et la modération de son administration. Paoli essaya de policer la Corse : il protégea le commerce, il fit des traités avec les puissances barbaresques, il créa une marine; enfin, au milieu d'une des luttes les plus acharnées dont l'histoire ait conservé le souvenir, il s'occupa de l'instruction publique, et fonda une université. Son nom fut honoré partout, et à une époque où les principes de liberté étaient prêchés par tous les écrivains, on se passionna pour un petit peuple qui, chose rare, savait à la fois défendre avec énergie son indépendance et respecter ses lois. Ce fut alors que Rousseau fit sur la Corse sa prophétie si connue et qui devait bientôt s'accomplir.

L'intérêt que les philosophes montraient pour un peuple si vaillant lui fut fatal, et l'on assure que ce fut là le principal motif qui porta Louis XV à vouloir l'asservir. Gênes, qui ne possédait pas la Corse, vendit cette île à la France. Paoli hésitait à continuer une lutte devenue si inégale; mais le peuple indigné courut aux armes, et l'Europe vit avec admiration une poignée de montagnards résister courageusement aux armées d'une grande nation. Le lieutenant-général Chauvelin, qui avait débarqué dans l'île avec douze mille hommes, fut battu dans toutes les rencontres, et forcé de se renfermer dans les places fortes. La Corse, qui devançait ainsi la grande lutte de l'indépendance américaine, aurait été délivrée si, comme l'Amérique, elle avait trouvé de puissans auxiliaires; mais l'on fit des vœux stériles, et personne ne se montra. Le comte de Vaux, à la tête de trente mille hommes, pénétra dans les cantons les plus inaccessibles de l'île, et Paoli, écrasé sur les bords du Golo, dut chercher un asile en Angleterre; il s'y rendit en traversant le continent, et fut reçu par-

---

(1) Dans ce brevet, il est dit que la nomination de Napoléon comptera à partir du 6 février 1792 : c'est là ce qui a fait supposer à tort que le brevet devait être daté du même jour.

tout avec les égards dus à son grand courage, à son caractère et à ses malheurs. L'un des plus chauds partisans de cet illustre chef était Charles Buonaparte, qui n'avait cessé de combattre à ses côtés. Dans la campagne de 1769, qui fut la dernière, il se rendait à cheval, avec sa femme Létitia, déjà enceinte, dans tous les points menacés par l'ennemi, et c'est après ces courses d'amazone que Létitia mit au monde Napoléon. Dans son enfance, le futur empereur n'entendait parler que des exploits de Paoli, et ces souvenirs étaient ranimés par les cruautés que le comte de Narbonne et le général Sionville exerçaient impitoyablement sur les Corses. Nous verrons bientôt combien le cœur du jeune Napoléon était ému et irrité par les malheurs de son pays (1). Ils le rendaient injuste envers la France, qui n'était pas responsable des fautes commises par les ministres de Louis XV. Ce premier exil de Paoli dura vingt-un ans. Rappelé au commencement de la révolution, il traversa la France, et fut accueilli avec empressement par l'assemblée constituante, par la garde nationale et par le roi. Son retour en Corse fut un véritable triomphe. Il devint de nouveau l'arbitre du pays. Napoléon, qui avait demandé qu'on élevât des statues à Paoli absent, sentit son enthousiasme s'accroître à l'arrivée de son héros. Les premiers travaux du jeune officier d'artillerie eurent pour objet la Corse; il rédigea alors plusieurs projets pour la défense et l'organisation de cette île, qu'il voulait rendre forte et indépendante. On voit que l'exemple de Paoli était sans cesse devant les yeux d'un homme qui ne pouvait se contenter d'une destinée vulgaire, et à ce titre on ne saurait douter que le chef des montagnards corses n'ait eu la plus grande influence sur le développement du futur empereur. Cette influence s'était accrue au retour de Paoli, et Napoléon, dont il prédit les succès, s'attacha à lui comme à un père, et lui voua une admiration sans bornes. Dans un temps de troubles, Paoli ne pouvait jouir paisiblement de son ancienne autorité. Il fut attaqué par Buttafuoco, le même qui avait prié Rousseau d'être le législateur de la Corse. Napoléon ne tarda pas à prendre la défense de Paoli, qui lui adressa à ce sujet une lettre pleine de modération et de patriotisme. Il l'engage d'abord à mépriser les calomnies de Buttafuoco; et comme Buonaparte travaillait alors à une histoire de Corse sur laquelle nous reviendrons tout à l'heure, Paoli lui dit que l'histoire

(1) Une lettre que Napoléon adressa en 1789 à Paoli, alors en Angleterre, et qui a été publiée, commence ainsi : « Général, je naquis quand la patrie périssait. « Trente mille Français, vomis sur nos côtes, noyant le trône de la liberté dans des « flots de sang, tel fut le spectacle odieux qui vint le premier frapper mes regards. »

ne doit pas s'écrire dans la jeunesse; il lui conseille de s'y préparer par de fortes études, en assemblant les documens originaux, et de profiter des conseils que lui donnera l'abbé Raynal. La fin de cette lettre est surtout remarquable par sa noble simplicité :

« Je n'ai aucun mérite (écrit Paoli à Napoléon) dans mon désinté-
« ressement; je savais que les sommes que je dépensais pour ma
« patrie, que l'argent que je refusais, étaient mieux employés pour
« ma réputation, que si je m'en étais servi pour bâtir des maisons
« ou pour augmenter mon petit patrimoine. Je suis content, car je
« n'ai pas de reproches à me faire. Dans peu d'années l'envie, et
« la malveillance cesseront de s'agiter contre moi, et mes amis me
« verront à l'abri des évènemens. Bientôt je devrai m'écrier : Que
« n'ai-je été moins connu aux autres et plus connu à moi-même!
« *Probè diu viximus!* Je désire que nos descendans se conduisent
« de manière qu'on ne parle plus de moi que comme d'un homme
« qui a eu seulement de bonnes intentions. »

On a souvent accusé Napoléon de soumettre toutes ses actions au calcul, de n'obéir qu'à l'intérêt personnel. Une démarche courageuse qu'il fit en faveur de Paoli, et qui a toujours été ignorée, prouve la fausseté de cette accusation. On était en plein 93. Paoli, qui, depuis son retour, n'avait jamais cessé de défendre les intérêts de la France, s'était indigné à la nouvelle de la mort du roi. La convention l'appela à sa barre pour qu'il se disculpât, et l'on sait ce que cela signifiait alors. Malgré les dangers auxquels il s'exposait, Napoléon n'hésita pas à adresser, à ce sujet, une lettre à la convention. Le brouillon de cette lettre, dans laquelle il prenait hautement la défense de son vieil ami, existe encore, écrit tout entier de sa main, dans les papiers qu'il remit plus tard au cardinal Fesch. Nous croyons qu'on lira avec plaisir cette pièce, que nous reproduisons fidèlement en corrigeant seulement l'orthographe :

« Représentans,

« Vous êtes les vrais organes de la souveraineté du peuple. Tous
« vos décrets sont dictés par la nation, ou immédiatement ratifiés
« par elle. Chacune de vos lois est un bienfait et vous acquiert un
« nouveau titre à la reconnoissance de la postérité, qui vous doit la
« république, et à celle du monde, qui datera de vous sa liberté.

« Un seul de vos décrets a profondément affligé les citoyens de la
« ville d'Ajaccio; c'est celui qui ordonne à un vieillard septuagénaire,
« accablé d'infirmités, de se traîner à votre barre, confondu un
« instant avec le scélérat corrupteur ou le vil ambitieux.

« Paoli seroit-il donc corrupteur ou ambitieux?

« Corrupteur! et pourquoi? Est-ce pour se venger de la famille des
« Bourbons, dont la perfidie politique accabla sa patrie de maux et
« l'obligea à l'exil? Mais ne vient-elle pas de périr avec la tyrannie, et
« ne venez-vous pas d'assouvir son ressentiment, s'il en conserve
« encore, dans le sang de Louis?

« Corrupteur! et pourquoi? Est-ce pour rétablir l'aristocratie nobi-
« liaire et sacerdotale? Lui qui, dès l'âge de treize ans (1) . . . . .
« lui qui, à peine arrivé à la tête des affaires, détruisit les fiefs qui
« existoient et ne connut d'autre distinction que celle de citoyen?
« lui qui lutta, il y a trente ans, contre Rome, et fut excommunié,
« s'empara des biens des évêques, enfin qui donna, après Venise. .
« . . . en Italie. . . . .

« Corrupteur! et pourquoi? Pour donner la Corse à l'Angleterre,
« lui qui ne l'a pas voulu donner à la France malgré les offres de
« Chauvelin, qui ne lui eût épargné ni titres ni faveurs!

« Livrer la Corse à l'Angleterre! Qu'y gagneroit-il, de vivre dans
« la fange de Londres? Que n'y restait-il pas lorsqu'il y était exilé?

« Paoli seroit-il ambitieux? Si Paoli est ambitieux, que peut-il
« désirer de plus? Il est l'objet de l'amour de ses compatriotes, qui
« ne lui refusent rien; il est à la tête de l'armée et se trouve à la
« veille de devoir défendre le pays contre une agression étrangère.

« Si Paoli étoit ambitieux, il a tout gagné à la république, et, s'il
« se montra attaché à . . . . . : . lors de la constituante, que
« ne doit-il faire aujourd'hui que le peuple est tout?

« Paoli ambitieux! Représentans, lorsque les Français étoient
« gouvernés par une cour corrompue, lorsqu'on ne croyoit ni à la
« vertu ni à l'amour de la patrie, l'on a dû sans doute dire que Paoli
« étoit ambitieux. Nous avons fait la guerre aux tyrans; cela n'a pas
« dû être pour l'amour de la patrie et de la liberté, mais par l'ambi-
« tion des chefs! C'est donc à Coblentz que Paoli doit passer pour

(1) Il y a ici plusieurs mots qu'on n'a pu lire. On sait que l'écriture de Napoléon était presque indéchiffrable, et il ne l'ignorait pas lui-même. Dans les premiers
jours de l'empire, un homme d'une mise fort modeste se présenta devant lui. « Qui
« êtes-vous? lui demanda Napoléon. — Sire, j'ai eu l'honneur de donner à Brienne,
« pendant quinze mois, des leçons d'écriture à votre majesté. — Le bel élève que
« vous avez fait là! répliqua vivement l'empereur; je vous en fais mon compliment. »
Et il lui fit donner une pension. — Cette écriture, déjà si peu lisible alors, devint
plus tard une véritable sténographie. C'est à peine si l'on trouvait dans un mot la
moitié des lettres dont il devait se composer. On assure que de la part de l'empereur
c'était là un calcul pour cacher son ignorance de l'orthographe, qu'il ne sut jamais.

« ambitieux ; mais à Paris, dans le centre de la liberté françoise,
« Paoli, s'il est bien connu, sera le patriarche de la liberté, le pré-
« curseur de la république françoise; ainsi pensera la postérité, ainsi
« le croit le peuple. Rendez-vous à ma voix; faites taire la calomnie
« et les hommes profondément pervers qui l'emploient. Représen-
« tans ! Paoli est plus que septuagénaire, il est infirme : sans quoi il
« serait allé à votre barre pour confondre ses ennemis. Nous lui
« devons tout, jusqu'au bonheur d'être république françoise. Il jouit
« toujours de notre confiance; rapportez, en ce qui le concerne,
« votre décret du 2 avril, et rendez à tout ce peuple la joie..... »

La convention nationale passa outre, et Paoli, pour sauver sa tête,
insurgea la Corse et traita avec les Anglais. Alors Napoléon, voyant
que la France républicaine offrait un vaste champ à son ambition,
oublia sa rancune contre ceux qu'il appelait autrefois les oppresseurs
de la Corse, et se tourna contre Paoli. Cependant il ne cessa jamais
d'honorer un homme qui avait exercé sur lui une si belle influence,
et il dicta à Sainte-Hélène quelques pages où brillent à la fois sa
vénération pour ce chef célèbre et l'amour le plus vif pour leur com-
mune patrie.

Un autre homme qui, dans un genre différent, a exercé une influence salutaire sur l'esprit de Napoléon, c'est le père Dupuy, religieux minime auquel le jeune officier soumettait tous ses travaux.
Quittant la Corse à neuf ans, Napoléon était arrivé en France (1)
sans savoir un mot de français. Au collége d'Autun et à l'école de
Brienne, où il se rendit successivement, l'usage lui apprit à s'exprimer en français; mais personne ne s'occupa de lui faire étudier la
grammaire de la langue qui devait devenir désormais la sienne, et,
par une négligence impardonnable, on ne lui donna aucune tein-
ture d'orthographe. Il paraît même que son accent italien persista
long-temps : on en reconnaît les traces dans la manière dont Napoléon écrivait *soupplier*, *soupporter*, etc. En un mot, il ignorait com-
plètement les principes des lettres.

Le père Dupuy, dont on trouve à peine le nom cité par Bourrienne,
avait été sous-principal à l'école de Brienne lorsque Napoléon y étu-

(1) On a assuré qu'en allant d'Ajaccio à Autun Napoléon était passé par Flo-
rence et qu'il avait été présenté au grand-duc. Cependant dans les *Époques de ma
vie* que nous avons déjà citées Napoléon disait : « *Parti pour la France le 15 décembre 1778. — Arrivé à Autun le 1er janvier 1779.* » Il semble difficile qu'en
quinze jours il ait pu faire un si long détour. Le trajet direct est plus probable.

diait. Il paraît qu'il s'attacha à son élève, et qu'il conserva pendant plusieurs années des relations avec lui. Ce bon moine, qui s'était retiré
à Laon, donnait dans ses lettres d'excellens conseils à Napoléon, et ré-
primait ses écarts. Il ne laissait rien échapper; les pensées, le style, la
grammaire et jusqu'à l'orthographe, étaient l'objet de ses observations, qui (on le voit par cette correspondance) n'étaient pas toujours
reçues avec docilité. Ces lettres prouvent qu'en 1789 Napoléon avait
rédigé, sur la Corse, un mémoire anonyme qu'il voulait adresser à
Necker, alors rentré au ministère. Cet écrit fut envoyé au père
Dupuy, qui en corrigea différentes parties avec sévérité. Afin que
l'on ait une idée de la liberté qui présidait à cette correspondance,
nous allons citer le commencement de la lettre que Dupuy écrivit à
ce sujet à Napoléon :

« Laon, le 15 de juillet 1789.

« MON CHER AMI,

« J'ai reçu le 10 de ce mois le paquet que vous m'avez adressé.
J'ai lu et relu avec attention l'écrit qu'il contenoit : j'en ai trouvé le
fond excellent; mais il y a plusieurs mots impropres, mal assortis,
répétés près l'un de l'autre, ou dissonnans, des réflexions qui me
paroissent inutiles, ou trop hardies, ou capables d'arrêter la narra-
tion et de la faire languir; des retranchemens, des additions et
quelques changemens à faire dans certains endroits. Vous en aurez
aisément des exemples dans les observations suivantes. »

Malgré les cinq pages de remarques du père Dupuy, Napoléon ne
se tint pas pour battu, et il dut répondre vivement. C'est ce qui résulte d'une seconde lettre écrite par Dupuy le 1er août 1789, et qui
commence ainsi :

« Pour me rendre à votre désir, je vais, mon cher ami, vous communiquer quelques observations sur votre dernière lettre. Vous me
dites que j'ai ôté tout le métaphysique... »

Il paraît que, dans la lettre que Napoléon voulait adresser à Necker,
et qui ne semble avoir jamais vu le jour, l'auteur, caché sous le voile
de l'anonyme, mettait dans la bouche d'un vieillard le récit le plus
animé et le plus énergique des malheurs de la Corse. Rien n'est plus
comique que la frayeur dont fut saisi le père Dupuy en lisant ces pas-
sages, qu'il voulait retrancher, et auxquels Buonaparte tenait beaucoup :

« Je vous ai conseillé (lui écrivait le bon minime) de supprimer
les rois régnèrent.... fiers tyrans de la terre.... Vous voulez que je le

laisse; vous ajoutez qu'*il y a dans votre ouvrage des choses plus fortes encore.* Ne trouvez pas mauvais, mon cher ami, que je vous dise que je ne puis transcrire ces endroits : ce langage est trop hardi dans une monarchie. Je le condamnerois dans un François séculier; à plus forte raison, un François religieux et prêtre doit-il l'éviter, et ne pas y contribuer. Votre vieillard d'ailleurs ne pourroit par ces réflexions qu'irriter le roi et la noblesse de France : ce ne seroit pas assurément le moyen d'obtenir ce qu'il souhaite. Vous dites que *ces discours sont aujourd'hui communs même aux femmes.* Je vous assure que je ne les approuverai jamais. Je vous dirai encore que le vent emporte les paroles, qu'il n'en reste aucune trace, mais qu'un ouvrage imprimé demeure, se répand partout, et peut nuire à l'auteur convaincu par son écrit, s'il n'a pas eu soin de tenir son nom bien secret. Vous répliquerez de nouveau : *la vérité! la vérité!* Je sais qu'il y a des vérités que l'on peut et même que l'on doit dire; mais il en est aussi qu'il faut taire, ou tout au moins beaucoup adoucir. Dans ce dernier cas, je ne cesserai de vous crier : *de la discrétion! de la discrétion!* Ne vous offensez pas, mon cher ami, de ma délicatesse : je la crois nécessaire. Soyez persuadé que mes observations n'ont pas pour principe l'envie de critiquer, mais qu'elles partent de mon zèle et de mon amitié. Je les continuerai, si vous l'avez agréable, dans l'autre partie de votre ouvrage, lorsque vous me l'aurez envoyée. »

Ces réflexions étaient fort judicieuses; seulement le bon moine oubliait qu'on était alors en 1789, et ne devinait pas qu'il écrivait à Napoléon.

Nous nous sommes arrêté à Paoli et à Dupuy à cause de l'influence que dans des proportions diverses ils durent avoir tous les deux sur le développement de Napoléon. Il serait impossible d'analyser ici les autres pièces de cette correspondance. Dans une lettre du 9 janvier 1793, Saliceti, député à la convention, rend compte à Napoléon de ce qu'on faisait et de ce qu'on préparait à Paris dans ces jours terribles, et il termine par ces mots, qui lui donnent bien l'air d'un protecteur : « Vous pouvez ici compter entièrement sur moi, et peut-être je ne vous serai pas tout-à-fait inutile. »

Une lettre adressée à Napoléon par Lajard, ministre de la guerre en 1792, nous fait connaître une particularité assez curieuse, et sur laquelle on n'avait jusqu'ici que des ouï-dire : il résulte de cette lettre que Buonaparte avait été destitué pour avoir manqué à une revue de rigueur. Toutes les pièces relatives à cette affaire existent encore : elles prouvent que Napoléon, qui était alors Corse jusqu'au fond de

l'ame (nous en aurons bientôt d'autres preuves), se trouvant dans sa
famille vers la fin de 1791, avait accepté la place de lieutenant-colo-
nel dans les gardes nationales volontaires formées par le département
de la Corse, et que, par suite, il avait négligé de se rendre à la revue
de rigueur du mois de décembre de la même année. Cet oubli lui
avait valu une destitution. Mais bientôt il fut réintégré, à la sollicita-
tion de différentes personnes. Les certificats qui lui furent délivrés
à cette occasion se trouvent entre nos mains. Il est curieux de voir
la plupart de ces pièces, favorables à Napoléon, signées par Pozzo
di Borgo, qui depuis ne lui témoigna pas certes le même intérêt.

Ce n'est pas seulement par des influences extérieures que le caractère et l'esprit de Napoléon devaient se former : Paoli et le père
Dupuy ont concouru sans doute à ce développement, mais c'est surtout par ses propres travaux, c'est par la lecture assidue des ouvrages
les plus profonds sur les sciences, sur la législation, sur l'histoire,
que Napoléon se préparait à ses brillantes destinées. Il lisait toujours la plume à la main, et non-seulement il faisait des extraits des
ouvrages qu'il étudiait, ce qui est un besoin de tout lecteur grave
et réfléchi, mais souvent à la suite de ces extraits il discutait ou cri-
tiquait les idées de l'auteur; et quand son imagination ou son esprit
était vivement frappé d'un sujet, il s'en emparait et il en formait
l'objet d'un écrit spécial. De toutes les productions de la jeunesse de
Napoléon, celle dont on a parlé le plus est une histoire de Corse
qu'il avait voulu faire imprimer à Dole et qu'on croyait perdue. Dans
ses mémoires, Lucien Buonaparte exprime en ces termes ses regrets
au sujet de la perte de cet ouvrage :

« Les noms (1) de Mirabeau et de Raynal me ramènent à Napoléon.
Napoléon, dans un de ses congés, qu'il venait passer à Ajaccio (c'était,
je crois, en 1790), avait composé une histoire de Corse dont j'écrivis
deux copies, et dont je regrette bien la perte. Un de ces deux manuscrits fut adressé à l'abbé Raynal, que mon frère avait connu à son
passage à Marseille. Raynal trouva cet ouvrage tellement remarquable, qu'il voulut le communiquer à Mirabeau. Celui-ci, renvoyant
le manuscrit, écrivit à Raynal que cette petite histoire lui semblait
annoncer un génie du premier ordre. La réponse de Raynal s'accor-
dait avec l'opinion du grand orateur, et Napoléon en fut ravi. J'ai
fait beaucoup de recherches vaines pour retrouver ces pièces, qui

(1) *Mémoires de Lucien Buonaparte.* Paris, 1836, in-8°, p. 92.

furent détruites probablement dans l'incendie de notre maison par
les troupes de Paoli. »

Lucien s'est trompé; le manuscrit de cette histoire n'a pas péri : il
se trouve parmi les papiers qui avaient été remis au cardinal Fesch,
et se compose de trois gros cahiers qui ne sont pas de la main de
Napoléon, mais qu'il a corrigés et annotés. Cette histoire, sous
forme de lettres, est adressée à l'abbé Raynal : elle commence aux
temps les plus reculés et se termine au XVIIIe siècle, au pacte de
Corte entre les Génois et les Corses. Elle est rédigée avec chaleur, et
décèle le plus vif amour pour la Corse. Ce qu'on doit surtout y remarquer et qu'on ne s'attendrait pas à y rencontrer, c'est que Napoléon
ne s'est pas borné à écrire d'après des traditions plus ou moins in-
certaines l'histoire de son pays. Il ne s'en est pas tenu aux croyances
vulgaires : dans un temps où l'érudition était presque proscrite, et où
on la regardait comme une vieillerie incompatible avec le progrès,
Napoléon a su s'affranchir de ce préjugé. Il a étudié les sources, il
cite les ouvrages qu'il a consultés, et l'on voit qu'il a eu soin de
réunir les documens inédits qui pouvaient lui fournir des lumières.
Plusieurs de ces pièces sont encore annexées au manuscrit de l'*Histoire de Corse*. Cet homme extraordinaire ne pouvait rien faire d'in-
complet; tous ses travaux étaient sérieux. Au milieu de la révolution
et malgré les idées qui régnaient alors, il avait senti que l'histoire ne
s'improvise pas, et que, pour la connaître, il faut étudier les documens
originaux.

Hâtons-nous cependant d'ajouter que, quoique Napoléon ait puisé
aux sources, ce n'est pas là une œuvre d'érudition; c'est plutôt une
histoire dramatique qu'il a voulu tracer. Pour s'en convaincre, il suffira de lire l'épisode de la mort de Vannina Sampiero, qui fut la
femme du plus énergique défenseur de l'indépendance de la Corse
au XVIe siècle. Ce récit, empreint d'une certaine grandeur terrible
et sauvage, termine la seconde lettre de Napoléon sur l'histoire de
son pays :

« Le roi d'Alger, Lazzaro, Corse de nation, qui avoit conservé dans
« ce haut rang le même amour pour sa patrie, ne pouvant la délivrer,
« la vengeoit en détruisant le commerce de l'Offizio (1); mais rien ne

(1) L'*Offizio* était à Gênes une puissante compagnie de commerce qui équipa
des flottes et possédait des provinces. C'était une association qui, en petit, ressem-
blait à la compagnie anglaise des Indes orientales.

« pouvoit adoucir le sort des Corses. Ils vivoient sans espérance lors-
« que Sampiero de Bastelica, couvert des lauriers qu'il avoit conquis
« sous les drapeaux françois, vint faire ressouvenir ses compatriotes
« que leurs oppresseurs étoient ces mêmes Génois qu'ils avoient tant
« de fois battus. Sa réputation, son éloquence les ébranloient, et à
« l'arrivée de de Thermes, que le roi Henri II expédia avec dix-sept
« compagnies de troupes pour chasser l'Offizio, les Corses s'armèrent
« du poignard de la vengeance, et, réduits à la seule ville de Calvi,
« les protecteurs de Saint-George reconnurent, mais trop tard, que,
« quelqu'accablés qu'ils fussent, ces intrépides insulaires pouvaient
« mourir, mais non pas vivre esclaves.

« Le sénat de Gênes, fidèle au plan qu'il s'étoit tracé, avoit sans
« cesse travaillé et contre l'Offizio et contre les Corses. Il voyoit avec
« plaisir s'entr'égorger des peuples qu'il vouloit soumettre, et s'affoi-
« blir une compagnie qui lui donnoit ombrage; mais, dans ces cir-
« constances, il sentit qu'il falloit la secourir puissamment, ou se
« résoudre à voir recueillir par les Français le fruit de tant de peines
« et d'intrigues. Il offrit donc ses galères et ses troupes, et sollicita
« l'empereur Charles V, son protecteur, qui lui envoya aussitôt une
« armée et des vaisseaux. Vains préparatifs! les Corses triomphèrent;
« le grand Andrea Doria vit périr dix mille hommes de ses troupes
« sous les murs de San-Fiorenzo. L'immortel Sampiero battit les
« Génois sur les rives du Golo, à Petreta, mais, s'étant brouillé avec
« de Thermes, le roi de France l'appela à sa cour; dès ce moment, nos
« affaires déclinèrent, et ne furent plus rétablies que par son retour;
« après diverses vicissitudes, l'Offizio alloit être expulsé à jamais,
« lorsque, par le traité de Château-Cambresis, les Français évacuè-
« rent l'île. Les Corses firent leur paix, les pactes conventionnels
« de Lago Benedetto furent renouvelés de part et d'autre. L'Offizio
« promit de gouverner conjointement avec la nation, et de gouverner
« avec justice. Gouverner avec justice n'étoit pas ce que vouloit la
« politique du sénat, qui, voyant les Corses sur le point de s'attacher
« sérieusement, d'oublier leur ressentiment et de céder à la fatalité
« une portion de leur indépendance, voyoit se renverser tous ses
« projets. La circonstance, d'ailleurs, étoit favorable, il obligea les
« protecteurs de Saint-George à lui céder la possession de l'île. Outré
« de ce changement qui s'étoit fait sans son consentement, le peuple
« soupire après l'arrivée de son libérateur Sampiero. Cet homme
« ardent avoit juré dans son cœur la ruine des tyrans et la délivrance
« de son pays. Voyant la France trahir ses promesses, il dédaigne

« les emplois que ses services militaires lui ont mérités, et parcourt
« les différens cabinets pour susciter des ennemis aux oppresseurs et
« des amis aux siens.... Mais les rois de l'Europe ne connoissent de
« justice que leur intérêt, d'amis que les instrumens de la politique.
« Il s'embarque pour l'Afrique; il est accueilli par le bey de Tunis,
« qui lui promet du secours; il gagne la confiance de Soliman, qui
« lui promet assistance. Soliman avoit l'ame noble et généreuse, il
« devint le protecteur de Sampiero et de ses infortunés compatriotes.
« Tout se dispose en leur faveur; bientôt le croissant humiliera jus-
« que dans nos mers la croix ligurienne! — Gênes cependant suit
« d'un œil inquiet les courses de son implacable ennemi, et, ne pou-
« vant pas l'apaiser, elle cherche à lui lier les mains par l'amour de ses
« enfans et par l'amour de sa femme : douces affections qui maîtri-
« sent l'ame par le cœur, comme le sentiment par la tendresse.....
« Sampiero aime tendrement sa femme Vannina, qu'il a laissée à
« Marseille avec ses enfans, ses papiers et quelques amis.... C'est
« Vannina que les Génois entreprennent de séduire par l'espoir de
« lui restituer les biens immenses qu'elle a en Corse, et de faire un
« sort si brillant à ses enfans, que son mari lui-même s'en trouvera
« satisfait. Ainsi elle vivra tranquille sous leur gouvernement, elle
« vivra tranquille au milieu de ses terres et de ses parens, contente de
« la considération de ses enfans, et ne sera plus exposée à mener
« une vie errante en suivant les projets d'un époux furibond. Mais
« pour cela il faut aller à Gênes, donner aux Corses l'exemple de la
« soumission au nouveau gouvernement, et de la confiance dans le
« sénat. Vannina accepte : elle enlève tout, jusqu'aux papiers de son
« mari, et s'embarque avec ses enfans sur un navire génois. Ils
« étoient déjà arrivés à la hauteur d'Antibes, lorsqu'ils sont atteints
« par un brigantin monté par les amis de Sampiero, qui s'emparent
« du bâtiment où est la perfide, et la conduisent à Aix avec ses
« enfans.

« La nouvelle du crime de Vannina soulève dans le cœur de l'impé-
« tueux Sampiero la tempête et l'indignation. Il part comme un trait
« de Constantinople; les vents secondent son impatience. Il arrive
« enfin en présence de sa femme. Un silence farouche résiste obsti-
« nément à ses excuses et aux caresses de ses enfans. Le sentiment
« aigre de l'horreur a pétrifié sans retour l'ame de Sampiero. Quatre
« jours se passent dans cette immobilité, à la fin desquels ils arrivent
« dans leur maison de Marseille. Vannina, accablée de fatigue et d'an-
« goisse, se livre un moment au sommeil. A ses pieds sont ses enfans;

« vis-à-vis est son mari, cet homme que l'Europe estime, en qui sa
« patrie espère, et qu'elle vient de trahir. Ce tableau remue un instant
« Sampiero; le feu de la compassion et de la tendresse semble se ra-
« nimer en lui. Le sommeil est l'image de l'innocence! Vannina se
« réveille; elle croit voir de l'émotion sur la physionomie de son
« mari; elle se précipite à ses pieds : elle est repoussée avec effroi...
« *Madame,* lui dit avec dureté Sampiero, *entre le crime et l'opprobre il*
« *n'est de milieu que la mort!....* L'infortunée et criminelle Vannina
« tombe sans connaissance. Les horreurs de la mort s'emparent, à
« son réveil, de son imagination : elle prend ses enfans dans ses bras.
« *Soyez mes intercesseurs; je veux la vie pour votre bien. Je ne me*
« *suis rendue criminelle que pour l'amour de vous!*

« Le jeune Alphonse va alors se jeter dans les bras de son père,
« le prend par la main, l'entraîne auprès de sa mère, et là, embras-
« sant ses genoux, il les baigne de larmes et n'a que la force de lui
« montrer du geste Vannina, qui, tremblante, égarée, retrouve ce-
« pendant sa fierté à la vue de son mari, et lui dit avec courage :
« *Sampiero, le jour où je m'unis à vous, vous jurâtes de protéger ma*
« *faiblesse et de guider mes jeunes années; pourriez-vous souffrir au-*
« *jourd'hui que de vils esclaves souillassent votre épouse? Et puisqu'il*
« *ne me reste plus que la mort pour refuge contre l'opprobre, la mort ne*
« *doit pas être plus avilissante que l'opprobre même... Oui, monsieur,*
« *je meurs avec joie. Vos enfans auront pour les élever l'exemple de*
« *votre vie et l'horrible catastrophe de leur mère; mais Vannina qui ne*
« *vous fut pas toujours si odieuse, mais votre épouse mourante ne de-*
« *mande de vous qu'une grace, c'est de mourir de votre main!....* La
« fermeté que Vannina mit dans ce discours frappa Sampiero, sans
« aller jusqu'au cœur. La compassion et la tendresse qu'elle eût dû
« exciter trouvèrent une ame fermée désormais à la vie de senti-
« ment... Vannina mourut... elle mourut par les mains de Sampiero. »

Outre l'*Histoire de Corse,* Napoléon rédigea plusieurs autres écrits
qui montrent combien son pays natal l'occupait alors : des plans
fort développés pour la défense de Saint-Florent, de la Mortella et
du golfe d'Ajaccio, un rapport sur la nécessité de se rendre maître
des îles de la Madeleine, un projet pour l'organisation des milices
corses, et beaucoup d'autres pièces de la même nature. L'étendue
et le nombre de ces documens prouvent que Napoléon ne songeait
alors qu'à la Corse, et qu'il se préparait à y jouer un jour le rôle de
Paoli. Il ne manque jamais, dans ses écrits, de saisir l'occasion

d'exprimer son aversion pour les Français. Ce sentiment se manifeste surtout dans un *roman corse* écrit tout entier de sa main, et où le poignard joue un grand rôle. Une nouvelle anglaise intitulée *le Comte d'Essex*, un petit conte oriental appelé *le Masque prophète*, prouvent que Napoléon aimait à s'exercer en ce genre. Dans ce dernier écrit, qu'on va lire, on trouve déjà sa manière et son style, où dominèrent toujours le saccadé et l'imprévu. On y verra que Napoléon voulait déjà tout plier au gré de sa volonté. C'est ainsi qu'au lieu d'étudier le français il tranchait les difficultés grammaticales avec son sabre, et qu'il inventait le verbe *regrader* par opposition à *dégrader*.

LE MASQUE PROPHÈTE.

« L'an 160 de l'hégire, Mahadi régnoit à Bagdad ; ce prince,
« grand, généreux, éclairé, magnanime, voyoit prospérer l'empire
« arabe dans le sein de la paix. Craint et respecté de ses voisins, il
« s'occupoit à faire fleurir les sciences et en accéléroit les progrès,
« lorsque la tranquillité fut troublée par Hakem, qui du fond du Ko-
« rassan commençoit à se faire des sectateurs dans toutes les par-
« ties de l'empire. Hakem, d'une haute stature, d'une éloquence
« mâle et emportée, se disoit l'envoyé de Dieu ; il prêchoit une mo-
« rale pure qui plaisoit à la multitude ; l'égalité des rangs, des for-
« tunes, étoit le texte ordinaire de ses sermons. Le peuple se ran-
« geoit sous ses enseignes. Hakem eut une armée.

« Le calife et les grands sentirent la nécessité d'étouffer dans sa
« naissance une insurrection si dangereuse ; mais leurs troupes furent
« plusieurs fois battues, et Hakem acquéroit tous les jours une nou-
« velle prépondérance.

« Cependant une maladie cruelle, suite des fatigues de la guerre,
« vint défigurer le visage du prophète. Ce n'étoit plus le plus beau
« des Arabes. Ses traits nobles et sévères, ses yeux grands et pleins
« de feu, étoient défigurés ; Hakem devint aveugle. Ce changement
« eût pu ralentir l'enthousiasme de ses partisans. Il imagina de porter
« un masque d'argent.

« Il parut au milieu de ses sectateurs ; Hakem n'avoit rien perdu
« de son éloquence. Son discours avoit la même force ; il leur parla,
« et les convainquit qu'il ne portait le masque que pour empêcher
« les hommes d'être éblouis par la lumière qui sortoit de sa figure.

« Il espéroit plus que jamais dans le délire des peuples qu'il avoit
« exaltés, lorsque la perte d'une bataille vint ruiner ses affaires, dimi-
« nuer ses partisans et affoiblir leur croyance : il est assiégé, sa gar-
« nison est peu nombreuse. Hakem, il faut périr, ou tes ennemis vont
« s'emparer de ta personne! Il assemble ses sectateurs et leur dit :
« Fidèles, vous que Dieu et Mahomet ont choisis pour restaurer l'em-
« pire et regrader notre nature, pourquoi le nombre de vos ennemis
« vous décourage-t-il? Écoutez : La nuit dernière, comme vous étiez
« tous plongés dans le sommeil, je me suis prosterné et ai dit à Dieu :
« Mon père, tu m'as protégé pendant tant d'années; moi ou les miens
« t'aurions-nous offensé, puisque tu nous abandonnes? Un moment
« après, j'ai entendu une voix qui me disoit : Hakem, ceux seuls qui
« ne t'ont pas abandonné sont tes vrais amis et seuls sont élus. Ils
« partageront avec toi les richesses de tes superbes ennemis. Attends
« la nouvelle lune, fais creuser de larges fossés, et tes ennemis vien-
« dront s'y précipiter comme des mouches étourdies par la fumée.
« Les fossés sont bientôt creusés, l'on en remplit un de chaux, l'on
« pose des cuves pleines de liqueurs spiritueuses sur le bord.

« Tout cela fait, l'on sert un repas en commun, l'on boit du même
« vin, et tous meurent avec les mêmes symptômes. Hakem traîne
« leurs corps dans la chaux qui les consume, met le feu aux liqueurs
« et s'y précipite. Le lendemain, les troupes du calife veulent avan-
« cer, mais s'arrêtent en voyant les portes ouvertes; l'on entre avec
« précaution et l'on ne trouve qu'une femme, maîtresse d'Hakem,
« qui lui a survécu. Telle fut la fin de Hakem, surnommé Burkaï,
« que ses sectateurs croient avoir été enlevé au ciel avec les siens.

« Cet exemple est incroyable. Jusqu'où peut porter la fureur de
« l'illustration! »

Hélas! Napoléon oublia trop tôt la sentence qui termine ce petit
conte; que de regrets ne se serait-il pas épargnés, s'il s'était toujours mis en garde contre *la fureur de l'illustration!* Des discours
aux sociétés populaires et aux représentans du peuple, un projet
de *constitution pour la Calotte* (qui était une espèce de société se-
crète dans l'armée), des notes politiques de toute espèce, se trouvent dans ces papiers. Napoléon se montre là républicain ardent et
passionné : « On injurie les républicains (s'écrie-t-il dans un de ces
« discours), on les calomnie, et puis, pour toute réponse, on dit
« que la république est impossible en France! » Plus loin, on lit le
projet d'un ouvrage sur la royauté. On ne sera pas fâché de voir ce

que Napoléon, qui était à Auxonne, pensait de l'autorité royale le 23 octobre 1788.

« *Dissertation sur l'autorité royale.* — Cet ouvrage commencera « par des idées générales sur l'origine et l'accroissement que prit, « dans l'esprit des hommes, le nom de roi. Le gouvernement mili- « taire lui est favorable. Cet ouvrage entrera ensuite dans les détails « de l'autorité usurpée dont les rois jouissent dans les douze royaumes « de l'Europe. Il n'y a que fort peu de rois qui n'eussent mérité « d'être détrônés. »

Ce qui donne un grand intérêt à ces manuscrits, c'est que nous y voyons à nu le cœur de Napoléon, qui fixait sur le papier toutes ses impressions. Rencontrait-il une femme dont la figure le frappait? il s'empressait, en rentrant, d'écrire ce qu'ils s'étaient dit, en ayant soin de marquer le jour et l'heure. Taciturne avec ses camarades, il avait besoin d'épancher son cœur dans la solitude; son humeur était sombre, et l'on ne doit pas s'en étonner, car, dans une espèce de notice biographique et chronologique sur sa propre jeunesse, que nous avons déjà citée, il raconte qu'ayant quitté à neuf ans la maison paternelle, il était resté jusqu'à l'âge de dix-sept ans sans rentrer en Corse. Cet isolement, qui sans doute fortifia son caractère, dut con- tribuer à l'aigrir : aussi le voyons-nous à dix-sept ans être déjà las de la vie et vouloir se suicider. Se sentait-il à l'étroit en France à une époque où il ne suffisait pas d'avoir du mérite pour s'élever? Le dégoût de la vie lui venait-il, comme il le dit lui-même, du spec- tacle d'une société dégradée et des malheurs de la Corse? Il est pro- bable que c'étaient toutes ces causes réunies qui lui avaient donné l'idée de ce funeste projet. Quoi qu'il en soit, c'est là un fait digne d'être noté; et l'on ne saurait s'empêcher de remarquer que le 3 mai, jour où Napoléon disait que ses idées *étaient tournées du côté de la mort,* il devait, trente-cinq ans plus tard, entrer en agonie à Sainte- Hélène. Voici ce que nous trouvons à l'égard de ce projet de suicide dans une note autographe de Napoléon :

« Toujours seul au milieu des hommes, je rentre pour rêver avec « moi-même et me livrer à toute la vivacité de ma mélancolie. De « quel côté est-elle tournée aujourd'hui? Du côté de la mort. Dans « l'aurore de mes jours, je puis encore espérer de vivre long-temps. « Je suis absent depuis six ou sept ans de ma patrie. Quel plaisir ne « goûterai-je pas à revoir, dans quatre mois, et mes compatriotes « et mes parens? Des tendres sensations que me fait éprouver le

« souvenir des plaisirs de mon enfance, ne puis-je pas conclure que
« mon bonheur sera complet? et quelle fureur me porte donc à vou-
« loir ma destruction? Sans doute, que faire dans ce monde? puisque
« je dois mourir, ne vaut-il pas autant se tuer? Si j'avois passé
« soixante ans, je respecterois les préjugés de mes contemporains,
« et j'attendrois patiemment que la nature eût achevé son cours;
« mais, puisque je commence à éprouver des malheurs, que rien n'est
« plaisir pour moi, pourquoi supporterois-je des jours où rien ne me
« prospère? Que les hommes sont éloignés de la nature! qu'ils sont
« lâches, vils, rampans! Quel spectacle verrai-je dans mon pays?
« Mes compatriotes chargés de chaînes embrassent en tremblant la
« main qui les opprime. Ce ne sont plus ces braves Corses qu'un
« héros animoit de ses vertus, ennemis des tyrans, du luxe, des vils
« courtisans. Fier, plein du noble sentiment de son importance par-
« ticulière, un Corse vivoit heureux. S'il avoit employé le jour aux
« affaires publiques, la nuit s'écouloit dans les tendres bras d'une
« épouse chérie, la raison et son enthousiasme effaçoient toutes les
« peines du jour; la tendresse et la nature rendoient sa nuit compa-
« rable à celle des dieux. Mais avec la liberté ils se sont évanouis
« comme des songes, ces jours heureux! François, non contens de
« nous avoir ravi tout ce que nous chérissions, vous avez encore
« corrompu nos mœurs! Le tableau actuel de ma patrie et l'impuis-
« sance de le changer sont une nouvelle raison de fuir une terre
« où je suis obligé par devoir de louer des hommes que je dois haïr
« par vertu. Quand j'arriverai dans ma patrie, quelle figure faire,
« quel langage tenir? Quand la patrie n'est plus, un bon citoyen doit
« mourir. Si je n'avois qu'un homme à détruire pour délivrer mes
« compatriotes, je partirois au moment même; j'enfoncerois dans le
« sein du tyran le glaive vengeur de la patrie et des lois violées....
« La vie m'est à charge parce que je ne goûte aucun plaisir, et que
« tout est peine pour moi : elle m'est à charge parce que les hommes
« avec qui je vis et vivrai probablement toujours, ont des mœurs
« aussi éloignées des miennes que la clarté de la lune diffère de celle
« du soleil. Je ne puis donc pas suivre la seule manière de vivre qui
« pourrait me faire supporter la vie, d'où s'ensuit un dégoût pour
« tout. »

Malgré la vivacité du ressentiment qu'exprime ici Napoléon contre
les Français, nous avons cru ne rien devoir retrancher de cette note;
car d'un côté le caractère de Napoléon s'y montre tout entier, et,

d'autre part, si ce passage semble contraire aux sentimens de gloire et de grandeur nationale que l'empereur professa toute sa vie, il ne rend que plus éclatant le triomphe de la France, qui a pu assujettir une ame si ardente et remplie de sentimens si hostiles. C'est en combattant dix ans plus tard à la tête de cette immortelle armée d'Italie, que Napoléon apprit à aimer et à admirer les Français. D'ailleurs, c'est à dessein que nous avons choisi ce fragment, car il en surgit un grand enseignement pour la jeunesse. Supposons que, rentrant un soir plus triste que d'ordinaire, Napoléon ait eu la faiblesse de céder aux idées qui l'assiégeaient, et qu'il ait presque machinalement lâché la détente d'un pistolet! Il avait plus que d'autres le droit de s'appeler *un génie incompris*. Pauvre, obscur, sans avenir, attristé par les maux de son pays natal, il commençait à éprouver des malheurs, et il ne voyait pas les hommes en beau! C'était donc le cas de se suicider, s'il en fut jamais! Et pourtant Napoléon ne succomba pas à cette tentation. Il reprit courage et obéit à son devoir: acceptant le fardeau qui pesait sur ses épaules, il profita des loisirs de garnison, ordinairement si mal employés, et pendant les sept ans qu'il fut lieutenant d'artillerie, il travailla sans relâche à étendre et à fortifier son esprit. Dans des villes comme Auxonne et Seurres, il trouva moyen de se procurer tous les livres dont il avait besoin. Il étudia son art, il étudia l'histoire; il voulut connaître les ressources de la France. Il se nourrit des meilleurs ouvrages de l'antiquité, et acquit ainsi cette science du gouvernement, que dix ans plus tard il montra à un si haut degré. Napoléon doit apprendre à la jeunesse qu'il ne faut jamais désespérer de la fortune, et que la meilleure manière de se la rendre favorable, c'est de travailler avec ardeur et persévérance à son propre perfectionnement. Après un tel exemple, nul n'osera se plaindre d'être méconnu dans ce monde, ni dire que pour échapper à l'adversité, il faut se hâter de quitter la vie. Sans doute il serait insensé de rêver une aussi prodigieuse carrière; mais tout homme qui se raidit contre l'adversité, qui lutte avec courage contre la mauvaise fortune, se placera tôt ou tard là où ses talens et surtout son caractère méritent de le porter. Que doit-on vouloir de plus?

Au reste, il n'est pas inutile de faire remarquer que même dans les momens de découragement Napoléon conservait toute l'élévation de ses sentimens. Bien que forcé de mettre son pot au feu lui-même pour suffire à l'éducation de son jeune frère Louis qu'il avait alors avec lui, ce n'est pas de sa pauvreté qu'il se plaint, c'est l'asservis-

sement de sa patrie qu'il déplore, c'est là ce qui le porte au suicide.
C'est la mort de Caton qu'il rêve et non pas celle de Chatterton.

Un des morceaux les plus curieux qui soient sortis de la plume de
Napoléon, c'est un *Dialogue sur l'amour*, où l'auteur ne se montre
pas très galant. En général, le futur empereur était peu sentimental.
Ce qui dominait chez lui, c'était la force et la raison. Dans des frag-
mens de mémoires, il nous a conservé à la vérité le souvenir de quelques petites aventures de jeunesse; mais cela est bien fugitif, et il n'y
a pas là de sentiment. Ce dialogue a pour objet de proscrire l'amour.
On y voit déjà l'aversion que devait montrer plus tard l'empereur pour
les *définitions métaphysiques*. Voici le commencement de cet écrit :

« *D*. Comment, monsieur! qu'est-ce que l'amour? Eh quoi! n'êtes-
« vous donc pas comme les autres hommes?

« *B*. Je ne vous demande pas la définition de l'amour; je fus jadis
« amoureux, et il m'en est resté assez de souvenir pour que je n'aie
« pas besoin de ces définitions métaphysiques qui ne font jamais
« qu'embrouiller les choses. Je fais plus que de nier son existence,
« je le crois nuisible à la société, au bonheur individuel des
« hommes; enfin je crois que l'amour fait plus de mal que de bien,
« et que ce serait un bienfait d'une divinité protectrice, que de
« nous en défaire et d'en délivrer les hommes. »

C'est surtout l'amour efféminé que Napoléon poursuit dans son
dialogue. Il le considère en législateur, et il craint ce qui peut
énerver les hommes; quant à l'amour qui exalte et qui ennoblit, c'est
autre chose. En effet, en dépit de l'arrêt sévère que nous venons de
citer, nous trouvons dans ses manuscrits le brouillon d'une lettre écrite
par Napoléon à une demoiselle qu'il ne nomme pas, mais qui cer-
tainement avait frappé son cœur. Cette longue lettre, qui a sept
énormes pages, a pour objet de prouver que l'amour de la gloire ne
suffit pas pour enfanter les grands hommes, et que la plus sublime des
passions, c'est l'amour de la patrie. Napoléon y parle de Léonidas, de
Brutus, de Charlemagne, de la grandeur des anciens, de l'affaiblisse-
ment de tous les sentimens chez les modernes. Il s'arrête surtout
avec complaisance sur les héros de la Corse. Dans cet écrit, où l'on
peut reprendre beaucoup d'incorrections et de défauts qu'il serait
facile de faire disparaître, Napoléon, inspiré par les plus nobles sentimens, déploie souvent une véritable éloquence. C'est un volcan qui
vomit à la fois des flammes et de la fumée. Son ame déborde : il ne
parle que de gloire, de grandeur, de vertu. On n'écrit comme cela,
on n'ouvre son cœur sans réserve qu'à la femme que l'on aime. Cet

abandon, cette exaltation, c'est de l'amour, et du plus vif; seulement le mot n'est pas prononcé. Cette lettre, qui, par son étendue, devient presque une dissertation, est une pièce des plus intéressantes : elle montre clairement quel était l'amour que Napoléon proscrivait.

On ne saurait donner ici une analyse complète de toutes les pièces que le premier consul avait remises au cardinal Fesch. Nous avons déjà dit qu'il y a là trente-huit cahiers écrits entièrement de la main de Napoléon. Quelques ouvrages, rédigés séparément, sont prêts à être livrés à l'impression, tels, par exemple, qu'un *Mémoire sur la manière de disposer les pièces de canon pour le jet des bombes*, le roman sur la Corse dont nous avons parlé, son *Essai sur l'Histoire de Corse*, qui a quatre-vingts pages, etc. Mais, dans le plus grand nombre de ces cahiers, tout est mêlé : à la suite d'un extrait d'Hérodote ou de Platon, on trouve des souvenirs de jeunesse ou des réflexions sur la religion. L'ordre cependant s'établit par les dates, car, comme nous l'avons dit, le plus souvent Napoléon avait soin d'indiquer à la marge l'année, le mois, le jour et même l'heure. On peut ainsi, jour par jour, assister au développement de ce caractère extraordinaire, depuis le 26 avril 1786, date de la plus ancienne note, jusqu'au 14 mars 1793, qui est celle de la dernière pièce. On le suit partout, à Auxonne, à Seurres, à Valence, à Ajaccio, à Paris (1), dans ses courses, dans les villes de garnison où il s'arrête. Ce sont là des *confessions* d'autant plus précieuses que rien n'y annonce le travail, et qu'il n'y a pas le moindre indice de publication future. On y suit, dans sa candeur primitive, l'ame d'un homme qui se parle à lui-même, et qui ne pose pas encore devant l'Europe. Ce n'est pas une des moindres singularités de Napoléon que d'avoir voulu déposer en des mains sûres ces papiers : tout autre, dans sa position, les aurait probablement détruits.

Le choix des ouvrages qu'il a lus et dont il a fait des extraits mérite d'être remarqué. D'abord, c'est une curiosité inquiète qui se porte vers tous les objets sans but déterminé. Il lit Buffon, il s'occupe d'histoire naturelle, de physique, de médecine. Il étudie la géographie, il cherche à cultiver son esprit, à acquérir des connaissances. L'histoire ancienne et celle de la Grèce surtout l'occupent ensuite : il cite Hérodote, Strabon, Diodore de Sicile; mais, par une singu-

(1) Pour donner une idée des détails biographiques dans lesquels entre Napoléon, nous dirons que parfois on trouve dans ces papiers même son *adresse*. Ainsi on y voit que, le 22 novembre 1787, il logeait à l'hôtel de Cherbourg, rue du Four-Saint-Honoré, à Paris.

larité bien remarquable, le nom de Plutarque, qui a été le précepteur de tant d'hommes illustres, et qu'on a dit si souvent avoir été la lecture favorite de Napoléon, ne se trouve pas une seule fois dans ces notes. L'histoire de la Chine, celle des Indes et des Arabes l'occupent ensuite. Il lit l'histoire d'Angleterre et celle d'Allemagne; enfin il s'applique à l'histoire de France, d'abord d'une manière générale, et puis dans tous les détails. Il veut connaître les ressources, les revenus, la législation de la France; il étudie soigneusement les libertés de l'église gallicane. Il veut savoir l'histoire de la Sorbonne et de la bulle *Unigenitus*, et les trois cahiers qu'il a écrits sur cette matière, ainsi que les notes qu'il rédigea à dix-huit ans sur la religion de l'état, font pressentir le concordat et l'expliquent. Il n'a aucun système en histoire, il cherche surtout à connaître les faits; mais ses études le portent bientôt vers les sciences morales. Il s'occupe d'économie politique et de législation : il lit les écrits de Filangieri, de Mably, de Necker, de Smith; il en fait des extraits souvent interrompus par des réflexions critiques. L'indépendance de son caractére se montre là comme partout ailleurs. A cet égard, il suffira de citer un seul exemple. On sait combien il est difficile, surtout dans la jeunesse, de se soustraire à l'ascendant irrésistible de Rousseau. Cette difficulté était bien autrement grande aux approches de la révolution. Eh bien! malgré cet empire, malgré la conformité des opinions et son admiration pour le citoyen de Genève, Napoléon était loin d'accepter toutes ses doctrines. Dans un extrait (daté de Valence, août 1791) du *Discours sur l'origine et les fondemens de l'inégalité parmi les hommes*, le jeune Napoléon a écrit à la fin de chaque paragraphe : *Je ne crois pas cela!... Je ne crois rien de tout cela!* On s'imagine le voir encore au moment où, bondissant d'impatience, il traçait ces mots. Enfin, ne pouvant plus supporter les magnifiques sophismes de Rousseau, il exprime ainsi à son tour ses opinions :

« Mes réflexions sur l'état de nature.
   « Je pense que l'homme n'a jamais été errant, isolé, sans liaisons,
« sans éprouver le besoin de vivre avec ses semblables. Je crois au
« contraire que, sorti de l'enfance, l'homme a senti le besoin de se
« trouver avec d'autres hommes, qu'il s'est uni à une femme, a choisi
« une caverne qui a dû être son magasin, le centre de ses courses,
« son refuge dans la tempête et pendant la nuit. Cette union s'est
« fortifiée par l'habitude et par les liens des enfans; elle a pu cepen-
« dant être rompue par le caprice. Je pense que dans leurs courses

« deux sauvages se sont rencontrés, qu'ils se sont reconnus à la se-
« conde entrevue et ont eu le désir de rapprocher leurs demeures. Je
« pense qu'effectivement ils se sont rapprochés, et que dans cet in-
« stant est née la peuplade naturelle. Je pense que cette peuplade a
« vécu heureuse parce qu'elle a eu une nourriture abondante, un
« abri contre les saisons, et parce qu'elle a joui de la raison et des
« sentimens naturels. Je pense que la terre a été un grand nombre
« de siècles partagée ainsi en peuplades éloignées, ennemies, peu
« nombreuses, et qu'enfin les peuplades s'étant multipliées, elles ont
« dû avoir des relations entre elles. Dès-lors la terre n'a pu les
« nourrir sans culture; la propriété, les relations suivies sont nées,
« bientôt les gouvernemens; il y a eu des échanges. . . . . . .

. . . .

« l'amour-propre, le penchant impétueux, l'orgueil. Il y a eu des
« ambitieux au teint pâle qui se sont emparés des affaires. . . .
« Ma thèse n'est pas celle de constater cette série d'états par où ont
« passé les hommes avant d'arriver à l'état social, mais seulement de
« démontrer qu'ils n'ont jamais pu vivre errans, sans domicile, sans
« liaisons, sans autres besoins que ceux qu'éprouvoient le mâle et la
« femelle s'unissant furtivement selon la rencontre, l'occasion et le
« désir. Pourquoi suppose-t-on que dans l'état de nature l'homme
« ait mangé? C'est que l'on n'a pas d'exemples d'hommes qui aient
« existé autrement. Par une raison semblable, je pense que l'homme
« a eu, dans l'état de nature, la même faculté de sentir et de rai-
« sonner qu'il a actuellement. Il a dû en faire usage, car il n'y a
« point d'exemple que des hommes aient existé sans *usager* ces deux
« facultés. Sentir, c'est le besoin du cœur, comme manger est celui
« du corps. Sentir, c'est s'attacher, c'est aimer; l'homme dut con-
« noître la pitié, l'amitié et l'amour; dès-lors la reconnoissance, la
« vénération, le respect. S'il en eût été autrement, il seroit vrai de
« dire que le sentiment et la raison ne sont pas inhérens à l'homme,
« mais seulement des fruits de la société; il n'y auroit alors point de
« sentimens et de raison naturels, point de devoirs, point de vertu,
« point de conscience. Point de vertu! Ce ne sera pas le citoyen de
« Genève qui nous dira ceci. »

Dans cette réfutation, qui est incomplète à d'autres égards, le
vice fondamental du système de Rousseau est mis à nu avec beaucoup de sens et de logique. Il fallait être Napoléon pour repousser si

vigoureusement les idées d'un écrivain qui, en 1791, régnait en maître sur l'opinion.

Toutes ces graves et sérieuses lectures avaient un but déterminé. Il paraît que parmi les ouvrages d'imagination Napoléon ne distingua que l'Arioste, qui le séduisit, et (chose bizarre!) dont il fit aussi un extrait. Bien qu'imparfaits, quelques essais poétiques jetés çà et là dans ces cahiers intéressent vivement : ils sont empreints d'une profonde mélancolie. Les recherches mathématiques y sont fort rares. Le point le plus élevé est relatif à la cycloïde : le reste ne contient que des calculs pour l'artillerie.

Ces citations sont prises un peu au hasard dans cette masse de papiers : nous ne les multiplierons pas. Sans s'arrêter davantage aux détails, et considérant ces documens dans leur ensemble, on en peut tirer des conséquences importantes. On voit d'abord que Napoléon, comme Michel-Ange, comme Newton, comme tous les plus sublimes génies, a dû obéir à cette loi de l'humanité qui veut qu'on ne puisse rien faire de grand sans de grands efforts. Malgré sa supériorité, il a dû longuement étudier les matières dans lesquelles il se montra maître plus tard. Personne n'a plus travaillé que lui, et pendant plusieurs années il n'a cessé de lire et de méditer les ouvrages les plus profonds. Si il a eu des idées si nettes sur la législation, sur les finances, sur l'organisation de la société, ces idées ne sont pas sorties spontanément de son cerveau. Il a recueilli sur le trône les fruits des longs travaux du pauvre lieutenant d'artillerie. Il s'est formé par les moyens les plus propres au développement des hommes supérieurs, par le travail, par la solitude, par la méditation et par le malheur : nourriture des ames fortes et des grands esprits. L'exemple de Paoli a jeté dans son cœur le germe d'une noble émulation : plus tard la révolution lui a offert un champ vaste et brillant; mais sans cette révolution Napoléon se serait toujours illustré, car les caractères comme le sien saisissent la fortune, et n'en sont pas les esclaves. Son esprit peu cultivé et le manque d'éducation auraient pu l'arrêter, si le caractère, qui supplée à tout, ne l'avait soutenu. On ne pourra plus dire que c'est le hasard qui l'a élevé. Lorsqu'après sept ans de retraite, Napoléon parut pour la première fois sur la scène du monde, il renfermait déjà tous les germes de sa future grandeur. Rien n'a été fortuit chez lui; il a dû toujours lutter, et le succès n'a pas toujours couronné ses efforts. Ce n'est pas le hasard qui l'a porté à Toulon, car Napoléon ne laissait échapper aucune occasion de se faire connaître. Un ministre célèbre était-il rappelé au pouvoir, le jeune officier lui adressait un mémoire sur les affaires de son île. Le gouvernement voulait-il changer l'organisation militaire de la Corse, Napoléon accourait, au risque de perdre sa place. Partout il donnait une haute idée de son caractère; et lorsque ses tentatives étaient inutiles, il retournait à Seurres ou à Valence méditer dans la retraite. Désormais on ne pourra plus, comme on l'a fait jusqu'ici, retrancher ces sept années de la vie de Napoléon. Elles devront compter au contraire parmi les plus belles et les plus fortes de cette vie de prodiges. Il ne sera plus permis d'attribuer à la *fatalité* son élévation.... Et pourtant combien de fois, en parcourant ces papiers, n'est-on pas frappé des plus singulières coïncidences de dates et de faits! Dans un cahier de géographie écrit entièrement de la main de Napoléon, et qui n'est pas achevé, on trouve à la fin ces mots, qui paraissent renfermer la plus extraordinaire des prédictions!

Sainte-Hélène, petite île.

C'est là que l'empereur devait terminer sa géographie!

www.ingramcontent.com/pod-product-compliance
Lightning Source LLC
LaVergne TN
LVHW012305050726